LA NOTION
DE L'IMMORTALITÉ DE L'ÂME

M. Derenbourg vient de lire à l'Académie un mémoire très-remarquable à propos de la notion de l'immortalité de l'âme dont j'ai cru trouver la mention dans l'inscription d'Eschmounazar. M. Derenbourg commence par démontrer que les passages bibliques qui sont réputés contenir des allusions à la vie future n'ont aucunement cette portée. On y trouve tout au plus la croyance que Dieu pouvait épargner les angoisses de la mort à ceux qu'il aimait particulièrement, mais de là à l'immortalité de l'âme, telle que la philosophie grecque la comprend, il y a une énorme distance. Puis, passant des Hébreux aux peuples congénères, M. Derenbourg émet l'opinion que tous les Sémites sans distinction doivent la notion de la vie ultra-terrestre à la sagesse grecque et principalement aux œuvres du divin Platon. M. Derenbourg termine son mémoire en rejetant le mot *almout*, immortalité, signalé par moi dans le document de Sidon, et arrive à la conclusion que ce document ne contient aucune allusion à la croyance spiritualiste de la vie d'outre-tombe.

Malgré la gravité du sujet et l'autorité incontestable du savant académicien, je me permettrai de faire quelques observations. La science, j'ose l'espérer, sera assez indulgente pour les considérations qui lui sont soumises en toute humilité et sans parti pris. On peut, tout d'abord, se demander s'il n'y a pas d'inconvénient à faire du dogme de l'immortalité de l'âme une question de race. Cette croyance se trouve sous une forme plus ou moins grossière chez les peuples les plus abrutis du

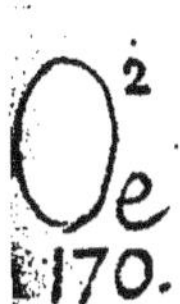

globe, depuis les Esquimaux de la terre Grinnel, jusqu'aux Papouas de la Nouvelle-Hollande; pourquoi les Sémites seuls l'auraient-ils ignorée? J'avoue ne pas comprendre ceux qui regardent la notion de la survivance après la mort comme une conception très-élevée qui exige un grand effort de réflexion. L'universalité de cette notion la caractérise, au contraire, comme un simple sentiment résultant de l'instinct de conservation qui est inné chez toutes les espèces vivantes. Elle est la naturelle expression de l'individualité de l'être humain, du *moi,* et le point de départ de la conception de Dieu, conception qui n'est que la transposition de l'individualité humaine sur une individualité d'un ordre supérieur. Voilà pourquoi on trouve la notion de l'immortalité chez des peuples qui ont peu ou point de connaissance de Dieu. Or, on ne peut pas nier que la conception de Dieu ne soit, chez les Sémites, au plus haut degré individuelle et absolue. Les dieux sémitiques n'accusent pas seulement la distinction du sexe, mais se caractérisent comme des individualités fortement déterminées. Chaque tribu, chaque ville a au moins un dieu qui lui est propre, son Baal particulier : *Melqart, Astarté, Kamosch, Milkom, Kozé,* sont respectivement les divinités de Tyr, de Sidon, de Moab, d'Ammon et d'Édom. Ce particularisme dans la conception de Dieu est le reflet du puissant sentiment d'individualité qui distingue les Sémites, et l'on veut que cette race éminemment subjective eût ignoré la notion de la survivance après la mort, qui est l'expression à la fois la plus simple et la plus énergique de cette subjectivité? Évidemment ce n'est pas possible. Je le répète, la notion de la survivance n'est pas une affaire de réflexion, mais un sentiment instinctif; tout dépend de la manière dont la vie future est conçue; c'est ici que les divergences s'accentuent et que l'état intellectuel de chaque peuple devient décisif. La réflexion guidée par l'expérience est, à vrai dire, défavorable à ce sentiment, mais la conscience humaine aura toujours horreur du néant; les Sémites encore plus que les autres races, car chez eux le suicide est un phénomène très-rare.

On entend souvent dire : les Sémites n'ont pas conçu le dualisme de notre personne, puisque dans leur idiome le mot *nephesch*, âme, signifie proprement *respiration, haleine*. On peut ajouter que ce mot signifie aussi *sang*; le sang est la *nephesch*, dit un ancien auteur hébreu (*Deuter.* xii, 13), mais l'étymologie prouve une chose, c'est que la langue hébraïque, comme tout autre idiome humain, procède du matériel à l'idée abstraite, ce que personne ne met en doute. Est-ce que l'expression grecque ψυχή ne signifie pas proprement *respiration, souffle*? Est-ce qu'elle ne s'emploie pas dans le sens de *sentiment, personne* et même dans celui de *sang*, comme le mot hébreu *nephesch*? Au contraire ψυχή désigne aussi la substance d'un être inanimé. Lucien dit : Ἡ ψυχὴ τῆς κολοκυνθίδος, ce qui ne se dira jamais en hébreu. D'ailleurs, le principe indestructible, immortel, n'est pas désigné par le mot *nephesch*, mais par le terme *rouah* (au propre, *vent, air*), dont l'opposé est *basar* « *chair, corps.* » L'hébreu dira toujours *rouah Yahwé*, l'esprit de Jahwé, non pas *nephesch Yahwé*, parce que Dieu est immortel, indestructible. Le *rouah* est un principe vivant sans le secours de la matière; il se montre à l'homme endormi ou en état d'extase, et agit sur sa faculté intellectuelle pendant que son corps reste dans une prostration complète (Job, iv, 12-15). Le dualisme de la matière et de l'esprit est donc un fait certain dans les conceptions sémitiques.

En second lieu, comment sait-on seulement que la croyance à la vie future faisait défaut chez les peuples de race sémitique, dont la littérature nous est presque inconnue? On répond : Par les écrits bibliques, dans lesquels le dogme de l'immortalité ne joue aucun rôle. Voilà, à mon avis, le second inconvénient, qui n'est pas moins embarrassant que le premier. Les écrits bibliques se donnent eux-mêmes pour l'œuvre d'une école monothéiste qui avait pour but de détruire la religion populaire que les Hébreux avaient en commun avec les Phéniciens et les autres nations environnantes. Les Hébreux, tout comme les Phéniciens, adoraient plusieurs dieux; ils faisaient des offrandes aux mânes (*Deut.* XXVI, 14; *Psaumes*, CVI, 27), et pratiquaient la nécromancie. L'école de Moïse considérait ces pratiques comme des abominations, et les punissait de mort. Les adeptes de cette école devaient naturellement avoir, sur la destinée de l'homme, des opinions très-différentes de celles de la masse du peuple. Si les écrits bibliques qui appartiennent tous à cette école novatrice doivent nous fournir des éclaircissements sur les notions religieuses des anciens Hébreux, ce sera certainement par les opinions qu'ils combattent et non pas par celles qu'ils soutiennent. Or, les sacrifices aux mânes et les oracles des morts qui ont prévalu chez les Hébreux jusqu'à la destruction du premier temple, en dépit des prédications des prophètes et des menaces du Pentateuque, ces pratiques si enracinées et si anciennes ne démontrent-elles pas que la majorité du peuple juif avait la ferme croyance que l'homme juste continue à vivre et à communiquer avec Dieu après la mort? En conséquence, quand on entend le roi Ézéchias, qui était un chaud partisan de l'école prophétique, s'exprimer ainsi dans son action de grâces à Jéhova en sortant d'une maladie : « Je croyais ne plus voir Jéhova dans la terre des vivants...., car le schéol ne te loue pas, la mort ne te célèbre pas; ceux qui descendent dans la tombe n'espèrent plus dans ta vérité, » on est en droit de présumer que, si un poëte populaire voulait mettre des considérations sur la mort, dans la bouche d'un roi antimosaïste, tel que Jéroboam et Manassé, il l'aurait fait parler dans ces termes tout opposés : « Combien je suis heureux! je vois Jéhova dans le pays de la vie; le schéol m'a débarrassé de mon enveloppe terrestre, la mort m'a épuré et rendu digne de célébrer tes louanges, mon corps est descendu dans la tombe, mais mon âme, tu l'as élevée vers tes cieux magnifiques, pour contempler ta face et pour sonder les vérités éternelles. » Eh bien! ce sont précisément ces aspirations qui sont clairement exprimées dans deux passages du texte funéraire d'Eschmounazar dont la traduction n'a pas été contestée par M. Derenbourg et sur lesquels je reviendrai tout à l'heure. Comme je viens de le dire, les dogmes religieux des Phéniciens ne différaient guère de ceux que professait le peuple hébreu, et la prière d'Eschmounazar, si je puis l'appeler ainsi, donne la vraie portée des croyances *eschatologiques* qui couraient alors la Palestine. On a très-souvent interverti le rôle des écoles hébraïques, on a pris l'opinion des prophètes pour échantillon des croyances nationales et primitives : c'est comme si l'on voyait dans les méditations de Sénèque l'échelle morale de la société romaine à l'époque de Néron. Les prophètes, les philosophes, travaillent pour l'avenir ; s'ils ne sortent pas de leur siècle, ils ne le représentent pas non plus.

Ce que je viens de dire de la prière d'Ézéchias peut s'appliquer au livre de l'Ecclésiaste. Lorsque l'Ecclésiaste dit : « Qui sait si l'esprit de l'homme monte en haut et l'esprit de la brute descend en bas, » et lorsqu'il adresse au lecteur ces paroles de libre penseur : « Va, fais tout ce que tu peux faire, car il n'y a ni compte à rendre ni science à acquérir dans le schéol où tu vas aller, » on est en droit d'affirmer que ce passage suppose une croyance générale qui distinguait soigneusement l'esprit de l'homme de celui de la bête, et admettait que l'âme de l'homme mort va auprès de Dieu pour rendre compte de ses actions et pour approfondir la sagesse divine. Un peu plus tard, nous sommes en pleine époque alexandrine ; que voyons-nous ? Le même état de choses qu'auparavant. Nous trouvons la masse de la nation juive, représentée par les Pharisiens, soutenir la doctrine de l'immortalité avec toutes ses conséquences, tandis qu'une minorité infime et isolée, formant la secte des Saducéens, épousait la cause de l'Ecclésiaste et se rapportait en vain à l'autorité de l'Écriture sainte; leur opinion, déclarée hérétique par la majorité, est condamnée sans retour. Ajoutons que, plus les Saducéens protestaient, plus le peuple s'abandonnait aux croyances mystiques. A aucune époque de l'histoire juive, on n'a vu en Palestine tant d'hystériques, de lunatiques et de possédés que durant la lutte de ces sectes. Dans le cours si agité de cette histoire de quinze cents ans, on aperçoit, à chaque pas, la constante réaction des croyances vraiment nationales contre le système des novateurs et du froid rationalisme.

En troisième lieu, il nous semble difficile d'admettre l'assertion péremptoire du travail qui nous occupe, à savoir que les notions de l'immortalité de l'âme, qu'on rencontre chez les Sémites aux époques rapprochées de l'ère chrétienne, sont dues à l'influence grecque et surtout aux œuvres de Platon. L'école de Platon n'était pas la seule à posséder des notions spiritualistes sur le sort de l'homme après la mort, les Égyptiens professaient une pareille doctrine depuis un temps immémorial : ne peut-on pas se demander si l'emprunt de ce dogme n'aura pas été fait plutôt à la religion égyptienne, dont il formait la base et le pivot; car, enfin, les doctrines qui régissent un grand pays et des millions d'individus se répandent plus facilement au dehors que les élucubrations d'une école, quelque importante qu'elle soit. Maintenant, si l'on considère le génie particulier des peuples sémitiques, on ne tarde pas à se convaincre qu'ils ont toujours eu un penchant marqué pour les doctrines égyptiennes. Les Araméens sont notoirement ceux qui ont fait aux Grecs le plus grand nombre d'emprunts; les mots grecs fourmillent dans la langue syriaque, la Syrie est devenue un royaume grec et le culte hellénique y a dominé pendant des siècles; or, quand on regarde de près, on s'aperçoit bientôt que cet hellénisme est entièrement superficiel et que l'établissement du culte grec en Syrie se réduit à l'assimilation des divinités syriennes aux personnages de la mythologie classique. Jamais on ne rencontre dans un texte araméen le nom de Jupiter, d'Hercule, etc., écrit en caractères sémitiques, tandis que les dieux égyptiens *Osiris, Ptah, Apis,* y figurent souvent. Le plus curieux de ces documents araméens à doctrines égyptiennes est sans contredit le monument dit *de Carpentras*, et, comme il est funéraire, il peut servir à démontrer combien les idées égyptiennes de la vie future étaient acceptées de bonne grâce par les Araméens au temps des Ptolémées. Cette inscription porte : « Sois bénie, Taba, fille de Tahpi, prêtresse (?) du dieu Osiris; tu n'as commis rien de mal, tu n'as calomnié personne; ô pieuse, sois bénie par Osiris, de par Osiris sois honorée dorénavant (?), ô adoratrice, et au milieu des fidèles, reste en paix! » Il faut donc reconnaître que, malgré l'hellénisation imposée aux peuples de l'Asie et au temps même où la puissance et la civilisation grecques sont arrivées à leur apogée en Égypte et en Syrie, les Araméens montraient une prédilection spéciale pour la religion égyptienne.

Quant aux Hébreux, qui ne sait que l'Égypte fut le laboratoire mystérieux de leur constitution nationale? Israël a passé sa jeunesse au milieu des rites égyptiens et dans un temps où la gloire des Séti, des Ramsès, pénétrait jusqu'aux extrêmes limites de la terre. La religion égyptienne était devenue celle des nomades israélites; en vain, quelques *hommes de la parole*, des Nabiim, se cramponnant à l'idée de nationalité, s'élevaient de temps en temps contre l'abandon du culte des pères (Ézéchiel, xx, 5, 9); et lorsque Moïse, apportant l'idée de liberté et de patrie, apparut au milieu de la multitude dégradée par un long esclavage et énervée par la mollesse de la religion dominante, il se vit subitement arrêté par un obstacle des plus sérieux : c’est que le Dieu national n’avait pas encore de nom (*Exode*, iii, 13, 15). Ces premières impressions ne se sont jamais effacées chez les Israélites (Ézéchiel, xxiii) : le culte du veau, symbole d’Isis-Astarté, fut repris au désert, et finit par s’installer officiellement chez les dix tribus. Aux derniers moments du royaume de Juda, nous voyons le rite le plus caractéristique de la religion égyptienne, l’adoration des animaux sacrés, répandu parmi la classe la plus élevée de Jérusalem (Ézéchiel, viii, 9-11). Après la chute de l’empire des Perses, les Juifs entrent en contact avec les Grecs; ce contact est au début très-amical et a pour résultat d’introduire dans l’usage beaucoup de mots grecs et surtout des noms propres. Mais la répulsion mutuelle ne tarde pas à éclater, et une lutte à mort s’engage entre les deux tendances inconciliables et se termine par l’expulsion complète de l’hellénisme hors de la Terre Sainte. Les Juifs d’Alexandrie, ne pouvant songer à vaincre le paganisme par la force, entreprennent une espèce de transaction avec l’esprit grec, mais avec l’arrière-pensée de l’absorber entièrement un jour; en Palestine, personne ne pensa à transiger : on était ou franchement grec, ou franchement juif. Les ouvrages écrits primitivement en hébreu qui nous restent de cette époque : l’Ecclésiaste, le Cantique, la Sagesse de Sirach, le livre d’Énoch et les sentences de quelques chefs célèbres des Pharisiens, n’offrent pas de trace de philosophie grecque; l’historien Josèphe affirme même de son temps, qu’il y avait à Jérusalem très-peu de personnes sachant le grec. Mais, tandis que l’hellénisme était banni de la Palestine, quelle était la question brûlante débattue dans toutes les écoles juives? C’était le dogme de la résurrection des corps, que la majorité défendait contre une poignée de puristes, dogme dont l’origine égyptienne est maintenant hors de doute e qui est essentiellement contraire aux idées grecques; tant il est vrai que les idées religieuses des Égyptiens ont laissé une empreinte indélébile dans l'esprit du peuple hébreu jusqu'au dernier moment de son existence politique.

De la Palestine, passons en Phénicie. Le contact immédiat des Grecs et des Phéniciens en Asie était des plus hostiles ; Tyr a résisté à l'invasion grecque jusqu'à la dernière extrémité, et, si Sidon s'est donnée au conquérant macédonien, c'est moins par sympathie que pour se venger des dévastations commises par Artaxerxès sur la cité. La fondation de la ville d'Alexandrie, qui ruina entièrement le commerce des Phéniciens, n'était certainement pas de nature à entretenir une amitié sincère entre ceux-ci et les Grecs. Une tentative de conciliation entre la religion phénicienne et celle des Hellènes n'a probablement jamais été faite ; Philon de Byblos, le traducteur de Sanchoniathon, s'est borné à intercaler çà et là quelques remarques sur le sens des noms propres, mais il ne put ni gréciser tous les personnages de la cosmogonie phénicienne, ni rompre les liens qui les rattachaient à l'Égypte.

Dans les inscriptions phéniciennes, l'influence grecque est tout à fait nulle, on y découvre à peine un nom d'homme d'origine grecque ; même les Phéniciens domiciliés à Athènes qui portaient ordinairement deux noms, l'un grec, l'autre sémitique, évitaient scrupuleusement le premier aussitôt que l'inscription était rédigée dans l'idiome national, tandis que le nom sémitique figure souvent dans les documents rédigés en grec. Maintenant, quel est le rapport des Phéniciens avec l'Égypte ? Il est des plus anciens et des plus intimes. La conformité des idées religieuses de ces deux peuples est très-étroite. Un grand nombre de divinités de l'ordre le plus élevé se trouvent dans les deux religions et se sont tellement assimilées avec le caractère national de chaque peuple, qu'il est parfois difficile de dire de quel côté vient l'emprunt. Ainsi, les dieux *Osiris, Ptah. Set, Thot,* reviennent dans les textes phéniciens sous une forme identique, témoins les noms propres

Abdosir, Abd-Ptah, Sediathon, Baaltot, etc. Il serait aisé de multiplier les preuves de la faveur avec laquelle les Phéniciens adoptaient les croyances égyptiennes ; contentons-nous de citer l'inscription de Madrid, où un Phénicien implore la protection d'Harpocrate (*Har-pe-Khreti,* Orus l'enfant), un des dieux qui composent la triade égyptienne.

Pour revenir à la question de l'immortalité chez les peuples sémitiques, tout nous porte à croire que, si cette doctrine avait manqué dans les anciennes religions sémitiques (ce que nous n'admettons pas), elle s'y serait introduite par les rites égyptiens que les Sémites voyaient se pratiquer sous leurs yeux chaque jour. Les monuments attestent, d'ailleurs, qu'ils étaient loin d'avoir de la répugnance pour cette doctrine et pour ces rites ; et cela nous dispense de faire intervenir ici Platon, dont les écrits n'ont jamais été traduits dans un idiome asiatique et dont le nom même n'est probablement pas venu à la connaissance des populations indigènes des pays sémitiques. Remarquons encore que le fond de la doctrine *eschatologique* de Platon, ainsi que celle des Pythagoriciens ses prédécesseurs, doctrine qui tranche singulièrement sur la conception vraiment grecque de l'Hadès comme demeure éternelle des ombres, a grande chance de provenir elle-même d'une source égyptienne. C'est du moins l'opinion d'Hérodote, qui ne manque certainement pas d'importance. « Les Égyptiens, dit cet auteur, prétendent que Cérès et Bacchus (Isis et Osiris) règnent sur les morts. Or, ils sont les premiers qui aient parlé de cette doctrine selon laquelle l'âme de l'homme est immortelle et, après la destruction du corps, entre toujours en un autre être naissant. Lorsque, disent-ils, elle a parcouru tous les animaux de la terre, de la mer et tous les oiseaux, elle rentre dans un corps humain : le circuit s'accomplit en trois mille années. Il y a des Grecs qui se sont emparés de cette doctrine *comme si elle leur était propre, les uns jadis, d'autres ré-*

cemment. » Les recherches récentes de l'égyptologie confirment le jugement de l'historien d'Halicarnasse. M. Renan se prononce dans le même sens à propos du récent travail de M. Pierret; voici ses propres termes, remplis d'une sage réserve : « M. Pierret a étudié dans la religion égyptienne le dogme de la résurrection. Ces citations, empruntées au livre des morts ou rituel funéraire, prouvent, pour ceux qui en auraient pu douter, que l'origine ou, du moins, l'une des origines de ce dogme doit être cherchée en Égypte. Ainsi, la religion égyptienne semble prendre une place de premier ordre dans l'histoire du développement religieux du monde. Quelques-unes des croyances les plus essentielles de l'humanité semblent être venues de ce côté. » Il est presque superflu de remarquer que, dans la religion égyptienne, la résurrection n'est qu'une phase du dogme de l'immortalité, dont l'exposition minutieuse constitue le but principal du livre des morts.

Ce serait donc trancher trop vite la difficulté que d'affirmer *a priori* que la doctrine de l'immortalité de l'âme ne peut pas être mentionnée dans l'inscription d'Eschmounazar, par la seule raison que sa rédaction est antérieure aux conquêtes d'Alexandre. Les théories ne peuvent rien contre les faits. Il ne s'agit pas de savoir si la doctrine de l'immortalité peut se trouver chez les Phéniciens, mais bien si cette doctrine se trouve dans les termes de l'inscription d'Eschmounazar; la discussion n'aurait jamais dû sortir de là.

Que contient l'inscription d'Eschmounazar? Ce précieux reste de l'antiquité phénicienne est un document funéraire; il est gravé sur le couvercle d'un sarcophage d'un travail indubitablement égyptien. Il ne faut pas perdre de vue ces circonstances particulières; car, premièrement, si jamais des espérances de la vie future remplissent le cœur d'un peuple, elles trouvent leur place naturelle sur les pierres sépulcrales qui marquent le lieu de repos d'un être humain ravi à l'amour des siens. Secondement, le soin pris par la famille royale d'enterrer son chef dans un sarcophage apporté de l'Égypte et d'une forme particulière au rite égyptien est assurément un éloquent témoignage de la sympathie avec laquelle les idées égyptiennes étaient acceptées à Sidon; il n'existait donc aucune barrière qui eût pu empêcher la doctrine de l'immortalité de passer de l'Égypte chez les Sidoniens, si toutefois ceux-ci ne l'avaient déjà connue auparavant.

Après l'indication de la date du monument, vient un discours mis dans la bouche du roi mort et qui se divise en trois parties inégales, dont la première contient une série d'imprécations et de menaces de la colère des dieux, lancées par le défunt contre quiconque commettrait des spoliations sur sa chambre funéraire. Elle est enfermée entre deux phrases presque identiques relatant certaines circonstances de sa vie passée et renfermant le mot *almout* que j'ai cru, en le comparant au terme hébreu *al-mâwet*, devoir traduire par « immortalité. »

La seconde partie fait mention de plusieurs fondations pieuses exécutées par le roi de son vivant, avec le concours de sa mère. Enfin, la troisième partie contient une récapitulation sommaire des imprécations formulées au commencement du discours.

Je ne m'explique pas assez pour quel motif M. Derenbourg a pris ma citation du passage des Proverbes pour le point de départ de sa savante étude sur le dogme de l'immortalité dans les écrits bibliques; il a ainsi donné lieu à penser que la discussion engagée concernait un point de théologie. Cette équivoque est fâcheuse, car elle a induit en erreur plusieurs personnes qui ne connaissaient pas suffisamment le vrai point en litige. Je suis parfaitement d'accord avec M. Derenbourg pour reconnaître que le canon des écritures hébraïques évite systématiquement toute allusion à la vie et aux rémunérations après la mort, je pense aussi que certains auteurs bibliques, comme l'auteur de Job et de l'Ecclésiaste, répudiaient ou révoquaient en doute cette consolante doctrine. Les docteurs du Talmud ne s'y sont pas trompés; ils appellent Job un homme juste qui ne croit pas à la résurrection. איוב כפר בתחית המתים. Là-dessus, l'opinion de saint Jean Chrysostome ne fait que confirmer celle des rabbins. J'ai déjà exprimé cette conviction dans mon commentaire hébreu sur le livre d'Énoch rédigé en 1856; je reconnais donc avec M. Derenbourg que le dogme de l'immortalité est loin d'être enseigné dans la Bible, je conteste seulement les conclusions qu'il en tire, pour affirmer que tout le peuple hébreu, et même la race sémitique en général, n'avait jamais possédé pareille doctrine. Je vois dans cette affirmation la supposition, difficile à justifier, que les auteurs bibliques représentent les tendances natives du peuple hébreu, voire même celles de la race entière. Ainsi que je l'ai dit plus haut, les croyances combattues par l'école monothéiste appartiennent précisément aux tendances caractéristiques de l'esprit national des Hébreux et de leurs congénères; or, comme la doctrine de l'immortalité est tantôt passée sous silence à dessein, tantôt ouvertement combattue par certains partisans de cette école, il s'ensuit nécessairement que l'immense majorité de la nation israélite y était attachée depuis longtemps et de toutes ses forces. Ces considérations m'ont porté à penser que la croyance à l'immortalité de l'âme ne peut pas être péremptoirement refusée aux nations congénères des Hébreux et surtout aux Phéniciens; il faut seulement la constater dans un monument authentique pour que cette possibilité se transforme en un fait réel.

En abordant ainsi, sans aucune prévention, l'étude du texte d'Eschmounazar, je n'ai pas tardé à remarquer que chaque énumération d'œuvres pieuses que fait le roi mort dans la troisième partie de son discours est toujours suivie par une phrase exprimant l'espoir d'obtenir une récompense proportionnelle de la part des dieux. Les deux premières récompenses touchent son propre sort et ont par conséquent un caractère essentiellement *eschatologique*. Voici la teneur exacte et textuelle de ces phrases :

1. (Car ma mère et moi nous avons construit un temple en l'honneur du dieu Melqart)... *et, certes, il me fera contempler l'Astarté des cieux magnifiques.*

2. (Et c'est nous qui avons construit un autre temple en l'honneur du dieu Eschmoun)... *et, certes, il me fera habiter avec Astarté les cieux magnifiques.*

En face de textes si clairs et si explicites, peut-on hésiter un instant à déclarer que les Phéniciens connaissaient la doctrine de l'immortalité et qu'elle avait même acquis un haut degré de spiritualisme? Ne voyons-nous pas la ferme croyance que les hommes vertueux morts vont au ciel et jouissent de la présence de la divinité? Le texte ne laisse pas deviner si le ravissement dans le ciel ne concernait que l'âme seule, tandis que le corps restait dans le tombeau, ou bien si l'on croyait à une espèce de transfiguration, comme l'admettent certaines religions modernes; mais il est hors de doute que nous y trouvons clairement annoncée l'idée que tout ne finit pas avec la mort, que la vie individuelle et consciente d'elle-même continue après la mort, et reçoit la récompense de ses actions, ce qui constitue le trait caractéristique de la doctrine de l'immortalité de l'âme. Je le répète, c'est sur l'autorité de ces textes que j'ai déclaré l'existence de cette notion dans les croyances phéniciennes. Cette autorité est irréfragable et d'une clarté parfaite pour quiconque juge sans parti pris. Aussi M. Levy a-t-il reconnu du premier coup le vrai sens du second passage dans ses *Études phéniciennes* publiées en 1856; sa traduction du premier passage laisse seule à désirer, comme je l'ai démontré dans mon commentaire.

Arrivons au mot *almout*. L'intérêt des passages dans lesquels je trouve l'expression abstraite d'immortalité est assurément très-secondaire, puisqu'ils n'ajoutent aucune idée nouvelle aux deux passages que je viens de citer *in extenso*. En admettant que le mot technique qui signifie immortalité ne s'y trouve pas du tout, le fait établi par le témoignage explicite des passages précédents n'en sera pas moins vrai. Ainsi, par exemple, la doctrine de l'unité, de l'incorporalité et de l'éternité de Dieu perce à travers chaque phrase du recueil biblique, et cependant les Hébreux n'ont jamais employé des mots techniques pour exprimer ces notions. Le débat sur ces passages est donc indépendant de la question principale et prend un caractère purement philologique. Pour y apporter plus de lumière, je vais confronter ici nos traductions respectives.

J'ai traduit :

(J'ai été ravi avant mon temps... pendant mon élévation (*meaz roumi*); (j'ai été) pieux (*tam*) fils d'immortalité (*ben almout*).

M. Derenbourg hésite entre les deux versions suivantes :

(Je fus emporté avant mon temps)... ; au moment de mon élévation (au trône), j'étais un orphelin (*iatom*), fils d'une veuve (*ben almat*).

Ou bien : Au moment de mon élévation (au trône), j'étais simple (enfant) (*tam*) fils d'une veuve.

La locution *orphelin fils d'une veuve* offre certains avantages, elle a de fréquentes analogies dans les écrits hébraïques; aussi la plupart des exégètes allemands s'y sont-ils arrêtés, à quelques nuances près. M. Hitzig a déjà traduit : «verwaist ein Sohn des Witthums,» et M. Schroeder le rend par : «verwaist ein Sohn der Verlassenheit.» Si M. Derenbourg n'adopte pas définitivement ces versions, c'est qu'il a reconnu tout le poids de mes objections contre la leçon du mot *iatom*, orphelin, c'est que le *yod* mis en tête de ce mot appartient infailliblement au groupe précédent, qui constitue les deux mots *meaz roumi,* « pendant mon élévation. » Je ne crois pas que l'auteur insiste sérieusement sur la théorie suivant laquelle une seule lettre peut servir pour deux mots à la fois, théorie démentie par tous les documents épigraphiques. Le mot *iatom,* orphelin, n'existe donc pas dans notre passage, il reste la seule version à opposer à la mienne, celle de « simple fils d'une veuve, » et dont l'impossibilité ressortira, je l'espère, des réflexions suivantes :

1. Un roi qui a régné quatorze ans avec une grande puissance se qualifiera difficilement de « simple (enfant), fils d'une veuve. » Une pareille humilité est tout à fait déplacée et n'a aucune raison d'être. Elle est en outre contredite par la phrase qui suit immédiatement, phrase qui rappelle avec ostentation la royale descendance du défunt et dans laquelle sa mère, cette pauvre veuve, est intitulée reine (*malkat*) fille de roi (*bat malik*). Il est vrai que M. Derenbourg tend à rapporter l'attribut « simple enfant » au moment où Eschmounazar commençait à régner, mais le terme *meaz* indique la durée et non pas un moment passager ; il faudrait pour cela *beyom* ou *beʿet.*

2. Le mot *tam* ne signifie jamais « simple » dans le sens d'humble ou d'ingénu. En hébreu, il forme antithèse avec *raschaʿ,* impie, ou *anschê damim,* hommes sanguinaires ; il rend l'idée de *pius, integer, perfectus* ; de même en phénicien, où la formule funéraire « *tam (tamma) bahayim* » correspond à celle du latin : *pius (pia) vixit.* Il se rencontre aussi dans l'inscription araméenne que j'ai citée plus haut, où le terme *tamma* est parallèle avec *paleha,* « adoratrice. » Encore une fois, partout où se rencontre le mot *tam,* il donne toujours l'idée de *piété,* d'intégrité, non celle de simplicité ni d'humilité.

3. La période qui énumère les diverses constructions élevées par le roi en l'honneur des dieux débute par la particule *ki* (car) et s'annonce ainsi comme étant la démonstration de

ce qui a été mis en avant dans notre passage. Il est manifeste que la construction de nombreux temples ne démontre pas la simplicité du roi ni l'état de veuvage de la reine mère, mais bien sa grande piété et son mérite aux yeux des dieux.

4. L'élision du *noun* avant la terminaison du genre féminin n'est usitée que dans trois mots monosyllabiques, *bat* (fille), *schat* (an), *emet* (vérité), pour *banat*, *schanat*, *amenet*; dans lesquels le *noun* est radical; quand cette lettre est servile, l'élision n'a jamais lieu, donc « veuve » se dit toujours *almenet* et jamais *almat*.

En somme, le passage débattu ne contient ni le mot « orphelin, » ni le mot « simple, » ni enfin le mot « veuve. » La liaison des périodes ne permet pas non plus de penser qu'il y soit question d'un état de misère et d'humiliation, mais plutôt de la piété et des mérites du défunt. Il faut donc traduire « je suis pieux, fils d'*almout*. » Quelle est la signification du mot *almout*? Si le radical en était *alam*, il pourrait signifier au besoin « mutisme, » mais une locution telle que « je suis pieux, fils du mutisme, » est si gauche et s'adapte si mal au récit relatif aux constructions religieuses qu'il est impossible de s'y arrêter. Il reste la seule traduction de *immortalité*. Cette traduction a le double avantage de convenir parfaitement au contexte et de pouvoir se justifier par d'autres raisons. En effet, les fragments de Sanchoniathon attestent que les Phéniciens appelaient la mort *mout;* la négative *al* revient souvent dans notre texte même; la faculté de former un composé avec la négative est, en outre, prouvée par les formes hébraïques *lo-el* (non-dieu), *lo-ʿam* (non-peuple), etc. Ces preuves sont plus que suffisantes pour légitimer mon interprétation, et ce n'est que comme une confirmation de plus, que j'ai signalé l'existence du mot en question dans les Proverbes, XII, 18, sous la forme *almawet*, que les exégètes modernes de toutes les opinions traduisent par *immortalité*. Dans mon

travail je n'ai pas même cité les termes de ce passage qui n'a
aucun intérêt pour mon sujet. Encore moins ai-je cherché à
définir le genre d'immortalité auquel l'auteur hébreu fait
allusion; je me suis borné à constater un mot identique en
langue hébraïque. L'auteur du mémoire conteste l'authenticité
de la leçon massorétique; il rappelle que la version des Septante n'offre pas le mot *immortalité,* «puis, dit-il, si la langue
hébraïque avait dès le principe un terme si convenable pour
exprimer la notion de l'immortalité, les philosophes juifs du
moyen âge n'auraient pas employé l'expression toute neuve
hascharat hannephesch.» Pour nous, ces faits ne sont nullement
extraordinaires, le désaccord de la leçon des Septante avec
celle de la Massore est fréquent et, en général, le texte massorétique l'emporte au point de vue de l'exactitude. Quant à
la terminologie métaphysique des Juifs du moyen âge, elle
est une imitation servile d'expressions arabes, faite sans le
moindre goût, voire sans connaissance suffisante de l'hébreu
classique. M. Derenbourg propose de traduire ainsi : «dans le
chemin de la justice est la vie, mais le chemin abominable
(נְתָבָה pour נתעבה) ou bien le chemin du sentier tortueux
(conduit) à (*el*) la mort (*mawet*).» Il trouve deux incorrec-
tions dans le texte : 1° le point du *he* terminant le mot *netiba*
manque dans les éditions; 2° la seconde moitié du verset ne
commence pas par la particule *b* qui figure au commencement.
Mais on paraît perdre de vue que la nouvelle leçon présente
des difficultés infiniment plus graves. Ces difficultés sont :
1° la chute supposée de la lettre *aïn* ou, dans l'autre cas, l'équi-
valence prétendue de *netiba* avec l'expression «sentier dé-
tourné,» tandis que ce mot est toujours employé dans le sens
de sentier droit et commode; 2° l'omission du verbe «con-
duire,» omission bien plus sensible que celle d'un point
diacritique. Ajoutons que la nouvelle leçon n'a pas remédié à
l'absence de la particule *b* en tête de la seconde partie du

verset; la particule y est aussi peu nécessaire, du reste, que l'antithèse, dont le défaut en cet endroit est invoqué pour prouver l'altération du texte. Pour se rendre compte de la construction de notre sentence, il suffit de lire, par exemple, les versets des Proverbes, iii, 20; xi, 7, xiv, 28; xviii, 3, dans lesquels il n'y a ni répétition de la particule, ni antithèse dans le second hémistiche. Le verset des Proverbes, xvi, 15, fera, je crois, disparaître la dernière ombre de scrupule, puisque sa construction est tout à fait identique à celle de notre passage. M. Derenbourg va encore plus loin; il nie catégoriquement la possibilité de former un composé *almout—almâwet*; le motif allégué est au moins très-singulier. On affirme que la négative *al*, étant exclusivement usitée avec le mode subjonctif, pareille à la négative latine *ne*, est incapable de former des noms composés, et la raison en est que, le mot *al* étant une simple inversion de la négative ordinaire *lo* (non), elle n'a aucune existence indépendante et isolée. Je regrette de ne pas partager cette opinion. La négative *al*, loin d'être la métathèse de *lo*, est un nom indépendant signifiant *néant* et dérivé de la racine *alal*, d'où proviennent aussi l'hébreu *elil, chose du néant, vaine, impuissante, idole*, et le syriaque *alilo, faible, humble, alilouto, faiblesse, impuissance; al* est ainsi le synonyme de *lo*, qui dérive du verbe *laa*, être fatigué, impuissant. Je dirai plus : la négative *al* est formellement employée comme substantif dans Job, xxiv, 25; on y lit : מִי יַכְזִיבֵנִי וְיָשֵׂם לְאַל מִלָּתִי « qui peut me démentir et rendre à néant ma parole. » M. Derenbourg récuse cette preuve décisive, en assurant que la leçon massorétique est encore ici inexacte, altérée. La vraie leçon, suivant M. Derenbourg, serait וישם לא למלתי. Je pense que les hébraïsants accepteront difficilement cette restitution.

Est-il besoin de rappeler que le régime direct est désigné en bon hébreu, soit par la particule את, soit par la simple forme du nominatif, mais jamais par l'adjonction du *lamed* comme en araméen? Faut-il insister sur cette considération qu'une phrase telle que וישם לא למלתי, formée comme le verset des Psaumes cvii, 3o, ישם נהרות למדבר, « il change les fleuves en désert, » signifierait infailliblement « et (il) changera le non en ma parole, » ce qui n'a aucun sens? Je regrette d'avoir à défendre une leçon irréprochable contre des soupçons si peu fondés et soulevés dans le seul but d'effacer le mot *almâwet* du passage des Proverbes.

En conséquence, je crois avoir établi que la saine critique n'a aucun motif pour suspecter les passages de Job et des Proverbes. Ce dernier passage contient bien le mot *almâwet,* immortalité, mais, comme je l'ai dit plus haut, il ne peut pas servir d'argument en faveur de la thèse que la croyance à l'immortalité de l'âme, telle que nous l'entendons, est un dogme biblique, parce que l'auteur de la sentence a pu prendre ce mot dans un sens différent de celui qu'il avait dans l'usage populaire. Quant au passage phénicien examiné par mon éminent contradicteur, je persiste à croire que la version que j'ai exposée reste intacte, la seule traduction possible est : «*je suis pieux, fils d'immortalité.* » J'ajoute une observation : une formule analogue à celle-ci se trouve dans un texte funéraire néo-punique, appartenant à une femme et ainsi conçu : מהשערת (= מאשרת) תמא בחים « pieuse en vie, bienheureuse ; » ici l'adjectif *bienheureux* répond à l'expression *fils d'immortalité* du document d'Eschmounazar. On peut dire que la plupart des formules funéraires qui sont en usage dans les religions bibliques étaient connues des Phéniciens; citons entre autres les expressions : *maison éternelle* (bet olam) et *qu'il entre en paix* (schalom yabo). Je rappellerai enfin les remarques contenues dans mon article *sur certaines formules funéraires propres aux inscriptions néo-puniques.*

Je résume mes conclusions :

1. Il faut se garder de faire de la croyance à la vie future

un trait caractéristique d'une race. Cette croyance est inspirée par l'instinct de conservation qui ne manque pas même aux animaux; elle est tout intuitive et de beaucoup antérieure à la croyance en Dieu, qui exige déjà un certain exercice de la réflexion. La race sémitique, avec son individualité fortement tranchée, avec son idée de Dieu absolue et définie, pouvait encore moins que toute autre race se passer de cette croyance, qui est à la fois la plus simple et la plus forte expression de l'individualité humaine, et sans laquelle la conception d'une individualité divine est tout à fait impossible. Cette considération est confirmée par le fait que les langues sémitiques possèdent un terme pour désigner le principe immortel et indestructible de notre personne. Ce terme est *rouah*, il forme antithèse avec le mot *basar*, chair, corps, qui indique la partie périssable de l'homme.

2. Les peuples sémitiques étaient depuis une antiquité très-reculée en contact ininterrompu avec la religion égyptienne, dont ils ont accepté un grand nombre de notions qui sont devenues partie intégrante des croyances nationales. Une doctrine aussi consolante que celle de l'immortalité de l'âme, et qui faisait notoirement la base des rites égyptiens, aurait été avidement adoptée par les Sémites, si leur propre religion ne l'avait pas déjà développée. Dans tous les cas, les Sémites ne doivent pas cette doctrine aux Grecs, pour lesquels ils nourrissaient une haine implacable. Les Sémites ont toujours repoussé la mythologie grecque malgré ses mille attractions, encore moins inclinaient-ils à s'approprier le système philosophique de Platon. Ce système est, du reste, en contradiction avec l'ancienne conception *eschatologique* des Hellènes, et semble provenir de la sagesse orientale.

3. Il est inexact de considérer l'ensemble des idées émises par les auteurs bibliques comme l'expression des sentiments et des tendances nationales des Hébreux. Ces auteurs appar-

tiennent tous à une école particulière et en flagrante contradiction avec les croyances populaires qui, dans les traits généraux, ressemblaient à celles des Phéniciens et des Araméens. Les idées combattues par l'école de Moïse portent précisément le vrai cachet national; or, parmi les rites le plus rigoureusement réprimés par le code de cette école, les sacrifices aux mânes et l'évocation des morts pour apprendre l'avenir occupent la première place, rites qui impliquent non-seulement la foi à la persistance de l'âme, mais aussi à la continuation de ses rapports avec Dieu. L'œuvre de Moïse et de ses continuateurs est le fruit de longues réflexions mûries dans le cerveau de quelques hommes d'élite; rien ne le prouve mieux que le silence absolu gardé dans les écrits bibliques sur la rétribution des actions humaines après la mort. En effet, quelques esprits distingués, un Moïse, un Spinosa, un Kant, peuvent, pour différentes raisons, en accentuant la valeur intrinsèque de la vertu, renoncer à toute autre récompense; mais, qu'une nation entière, et surtout une nation comme Israël, qui se croyait particulièrement favorisée de Dieu, pousse l'abnégation jusqu'à ne lui rien demander après la mort en échange des bonnes actions, ceci est inadmissible. Je ne sache pas que les philosophes contemporains soient disposés à accorder aux Israélites le privilége d'un désintéressement si sublime.

4. L'inscription funéraire d'Eschmounazar donne des renseignements très-explicites sur la doctrine de l'immortalité chez les Phéniciens; on y voit annoncer la croyance que l'homme vertueux mort continue à vivre dans le ciel et jouit de la contemplation de la Divinité. Ceci s'accorde avec la tradition des rabbins, qui est exprimée en ces termes dans le Talmud :
העולם הבא אין בו אכילה ושתיה אלא צדיקים יושבים ועטרותיהם
בראשיהם ונהנים מזיו השכינה. « Le monde futur ne contient aucun plaisir corporel comme manger et boire, mais les justes y seront assis, ayant des couronnes sur leur tête (c'est-à-dire

étant glorieux de leurs bonnes œuvres) et jouissant de la splendeur de la Divinité. » Sans doute, cette notion idéale était loin de constituer la croyance du bas peuple; l'imagination populaire aime ordinairement des récompenses plus matérielles et plus saisissables, mais de pareilles aspirations ne se montrent-elles pas, même de nos jours, parmi les gens de peu d'instruction? Le fait est qu'une conception très-idéale de la vie future et de la rémunération après la mort a été connue en Phénicie longtemps avant Socrate et Platon; c'est assurément un beau sujet de méditation pour tous ceux qui font des tendances spiritualistes l'apanage exclusif de la race arienne.

J. Halévy.

Imprimerie nationale. — Novembre 1873.